HANNA JOHANSEN   JACKY GLEICH

Sei doch mal still

Sei doch mal still

HANNA JOHANSEN JACKY GLEICH

CARL HANSER VERLAG

Sei doch mal still.
Warum soll ich still sein?
Ich will was hören.
Ich kann noch lauter schreien.
Hörst du?

Ich will was anderes hören.
Was willst du denn hören?
Die Fliege am Fenster,
die will ich hören.
Und? Kannst du sie hören?
Du nicht?
Sei doch mal still.

Sei doch mal still.
Warum soll ich still sein?
Ich will was hören.
Was willst du denn hören?
Den Baum an der Straße,
den will ich hören.

Sei doch mal still.
Du kannst sowieso nichts hören.
Vielleicht doch.
Was willst du denn hören?

Sei doch mal still.
Warum soll ich still sein?
Ich will was hören.
Was willst du denn hören?
Rate mal.

Ich will hören,
wie dein Herz schlägt.
Kannst du das hören?
Und wie!

Hanna Johansen, 1939 in Bremen geboren, lebt in Zürich. Sie schreibt für Erwachsene und Kinder. Ihre Bilderbücher sind alle im Hanser Verlag erschienen. Bisher veröffentlichte sie „Der Füsch" (1995) und „Bist du schon wach" (1998), beide gestaltet von Rotraut Susanne Berner. „Der Füsch" wurde 1996 für den Deutschen Jugendliteraturpreis nominiert.

Jacky Gleich, 1964 in Darmstadt geboren, lebt als Kinderbuchillustratorin in Berlin. Die meisten ihrer Bücher sind im Hanser Verlag erschienen. Sie illustrierte u.a. Geschichten von Amelie Fried, Brigitte Schär, David Grossman und Peter Pohl.
Für das Buch „Hat Opa einen Anzug an" erhielt sie 1998 - zusammen mit der Autorin Amelie Fried - den Deutschen Jugendliteraturpreis.

Die Rechtschreibung in diesem Buch entspricht
den Regeln der neuen Rechtschreibung

Unser gesamtes lieferbares Programm und
viele andere Informationen finden sie unter
www.hanser.de

1 2 3 4 5   05 04 03 02 01

ISBN 3-446-19970-5
Alle Rechte vorbehalten
© Carl Hanser Verlag München Wien 2001
Lithos : Longo Bozen
Druck und Bindung : Longo Bozen
Printed in Italy